Anna Dederer

Scrapbooking leicht gemacht

CHRISTOPHORUS

Inhalt

... und
ab sofort
auf Schritt
und Tritt
geh'n
zwei kleine
Füßchen mit.

Schöne Erinnerungen

In den USA heißt ein originell gestaltetes Fotoalbum „Scrapbook", also „Schnipselbuch". Mit Schnipseln sind kleine Erinnerungs- und Fundstücke wie Eintrittskarten, Servietten, Federn oder gepresste Blüten gemeint, die zusammen mit Fotos schön in Szene gesetzt werden. Inzwischen bietet der Hobbyfachhandel auch eine große Auswahl an wunderschönen Schmuckpapieren und Kreativ-Accessoires an, die sich für die Gestaltung von Scrapbooks hervorragend eignen. Aber nicht nur ganze Fotoalben, sondern auch Einzelstücke wie Fotoaufsteller, Keilrahmen und Leporellos sind sehr beliebt, da man sie an die Wand hängen oder auf das Regal stellen kann und somit immer an die wichtigen Momente im Leben wie Hochzeit, Geburt, die ersten Lebensjahre der Kinder oder besondere Familienfeste erinnert wird.

Ich denke, dass solche Fotoalben und Einzestücke uns helfen, wieder auf das Wesentliche zu achten und mehr Freude am Leben zu gewinnen. Familienfotos sind ein typisches Beispiel dafür. Wie oft vergessen wir im Stress des Alltags, was wir vermissen würden, wenn wir unsere Lieben nicht um uns hätten?
Darum holen Sie Ihre schönsten Fotos hervor und fangen Sie gleich an, Ihre wertvollen Erinnerungen angemessen zu gestalten.

Ihre

Anna Lederer

Material & Technik

Papiere

• Scrapbooking-Papiere, 30,5 x 30,5 cm, sind im Hobbyfachhandel in vielen verschiedenen Farben und Mustern erhältlich. Dazu gibt es passende Fotoalben, die geschraubt und erweiterbar sind. Die Fotoalben enthalten etwa 10 transparente Schutzhüllen, in die insgesamt 20 Albumseiten (Scrapbooking-Papiere) passen.

• Zur Gestaltung der Albumseiten, Karten und Leporellos eignen sich vor allem hochwertige Schmuckpapiere mit schönen Mustern und Prägungen, die auch in farblich sortierten Packungen angeboten werden.

Kreativ-Accessoires

Accessoires aus Papier, Plastik oder Metall mit Motiven zu verschiedenen Anlässen gibt es von diversen Herstellern. Wenn Sie ein hier verwendetes Motiv in Ihrem Hobbyfachgeschäft nicht finden, seien Sie flexibel, es wird bestimmt ein ähnliches Motiv geben, das genauso schön ist!

Fotos

• Am besten geeignet sind die Formate 9 x 13 cm und 10 x 15 cm. Wenn man digitale Fotos auf Fotopapier selbst ausdruckt, kann man natürlich mit der Größe spielen. Am besten gleich mehrere Abzüge oder Ausdrucke von einem Motiv machen lassen oder die Fotos zunächst kopieren. So kann man verschiedene Varianten ausprobieren.

• Interessante Gestaltungsmöglichkeiten ergeben sich, wenn die Farben oder Formen, die im Foto vorkommen, auch im Schmuckpapier enthalten sind.

• Kontrastfarbige Rahmen oder Passepartouts heben ein Bild hervor. Hierfür das Foto auf ein größeres Stück Papier kleben und mit einem 2 bis 3 mm breiten Rand rundum mithilfe von Schere und Lineal zuschneiden.

Schriften

Die Beschriftung ist ein weiteres Gestaltungselement. Entweder Stanz- und Klebebuchstaben in verschiedenen Größen und Farben verwenden oder mithilfe eines Textverarbeitungsprogramm am PC Schriftzüge gestalten und ausdrucken.

Hilfsmittel

Bleistift, Lineal, Radiergummi, Falzbein, eine Silhouettenschere, eine spitze Papierschere, ein Cutter mit einer Schneideunterlage und ein Kreisschneider. Eine Papier-Schneidemaschine ist sehr hilfreich und zeitsparend. Mit Motivstanzern kann man aus Papierresten schöne Motive stanzen. Die Hilfsmittel werden bei fast allen Modellen benötigt und sind deshalb in den Materialspalten nicht mehr extra aufgeführt.

Schablonen anfertigen

Das gewünschte Motiv mit Transparentpapier von der Vorlage abpausen, auf festen Karton kleben und ausschneiden. Die so erstellte Schablone auf das entsprechende Material legen, mit einem Bleistift umfahren und mit einer Schere ausschneiden.

Schneiden

Innenausschnitte am besten mit dem Cutter vornehmen. Mit einer Silhouettenschere lassen sich sehr gut kleine Formen, zum Beispiel Blumenblüten, ausschneiden. Für Zierränder gibt es Scheren mit verschiedenen Mustern.

Klebstoffe

- Um verschiedene Papiere und Fotos aufeinanderzukleben, ist hochtransparentes, doppelseitiges Klebeband besonders empfehlenswert, auch zum Kleben von Transparent- und dünnen Naturpapieren.

- Zum Kleben von Tonkarton eignet sich Klebstoff mit Lösungsmitteln besonders gut, da er das Papier nicht wellt.

- Für 3D-Effekte doppelseitiges Abstandsklebeband oder fertig zugeschnittene Klebekissen verwenden.

- Strasssteine und Schmucksteine mit Alleskleber und Pinzette anbringen.

Perlen rutschfest auffädeln

Eine Perle auf den Draht fädeln. An der gewünschten Stelle den Draht jeweils zweimal durch die Perlenöffnung führen, dann kann die Perle an dieser Stelle nicht mehr verrutschen.

Schönes Brautpaar

Material

- Scrapbooking-Papier, marmoriert, in Weiß-Gold
- Geprägter Tonkarton „Rosen" in Weiß
- Glitterseide „Blumenranken" in Gold
- Tonkarton „Highlight" in Gold
- Transparentpapier in Weiß
- Transparentpapier „Rosen" in Goldgelb
- Perlmuttpapier
- Sticker „Herzen"
- Kreativ Accessoires „Eheringe"
- Stanzzahlen
- Abstandsklebeband

Vorlage A

Obere Albumseite

1 Nach der Vorlage A den Text auf Transparentpapier kopieren, auf die Größe 3,6 x 16,5 cm zuschneiden und auf dem marmorierten Scrapbooking-Papier (Albumgrundseite) anbringen. Tonkarton in Gold, 15,5 x 26 cm, auf der Albumseite schräg anbringen und ein um 3 mm kleineres Rechteck aus Glitterseide darauf befestigen.

2 Ein Foto mit Rand, 10 x 15 cm, etwas nach links versetzt aufkleben. Die Seite mit Accessoires ausschmücken und mit der entsprechenden Jahreszahl versehen.

Untere Albumseite

1 Aus weißem, geprägtem Tonkarton „Rosen" eine Albumseite, 30,5 x 30,5 cm, zuschneiden. Den Schriftzug (Vorlage A) auf Perlmuttpapier kopieren, auf 3 x 16 cm zuschneiden und auf Tonkarton in Gold, 3,3 x 16,3 cm, kleben. Rosen-Transparentpapier, 9 x 30,5 cm, etwa 3,5 cm vom linken Rand entfernt auf der Albumseite anbringen. Aus Glitterseide einen 12,5 x 30,5 cm breiten Streifen schneiden und direkt rechts an das Transparentpapier anschließen.

2 Aus Goldkarton ein Quadrat, 13,5 x 13,5 cm, zuschneiden, ein quadratisches Foto so darauf platzieren, dass ein schmaler Rand rund um das Foto stehen bleibt. Unter dem Foto den Schriftzug mit Abstandsklebeband befestigen. Den Rand der Albumseite mit kleinen Accessoires verzieren und die Jahreszahl anbringen.

2005
Wir heiraten
2005
Wir woll`n das Glas erheben :
Hoch soll das Brautpaar leben !

Wir sagen ja!

Material

Für beide Albumseiten

- Transparentpapier in Weiß
- Transparentpapier:
  - mit roten Herzen
  - mit weißen Herzen
- Flitterkarton in Weiß
- Geprägter Tonkarton „Herzen" in Rot
- Spiegelkarton in Silber
- Stanzbuchstaben
- Fotos
- Kreativ Accessoires „Herzen"
- Strassherzen in Kristall, Rot, 6 mm ∅
- Klebepads

Untere Albumseite

- Scrapbooking-Papier „Shining paper" in Weiß

Obere Albumseite

- Scrapbooking-Papier „Schriftzüge" in Rosa
- Silberdraht
- Perlen in Rosa, Weiß, 3 mm ∅, 4 mm ∅
- Motivlocher „Herz", klein

Vorlagen B1 – B3

Untere Albumseite

Auf die Albumseite (Scrapbooking-Papier „Shining paper" in Weiß) einen 8 cm breiten roten Tonkartonstreifen am oberen Rand anbringen, darauf einen 11 cm breiten Streifen Transparentpapier mit roten Herzen. Die Herzen (Vorlage B1) zuschneiden und versetzt aufkleben. Den Schriftzug (Vorlage B2) auf Transparentpapier mit weißen Herzen kopieren, auf 8,5 x 15 cm zuschneiden und mittig im unteren Teil der Seite aufkleben. Aus Spiegelkarton ein Rechteck, 10 x 13 cm, anfertigen, darauf ein Foto so aufkleben, dass ein 3 mm breiter Rand rundum stehen bleibt. Stanzbuchstaben mit Klebepads fixieren. Die Seite mit Accessoires und ausgestanzten Herzen verzieren.

Obere Albumseite

Zwei Herzen (Vorlage B3) aus rotem Tonkarton und Spiegelkarton zuschneiden, einen herzförmigen Bildausschnitt anfertigen und der Abbildung entsprechend auf der Albumseite (Scrapbooking-Papier „Schriftzüge" in Rosa) versetzt aufkleben. Text auf Transparentpapier, 11,5 x 30,5 cm, kopieren (Vorlage B2) oder mithilfe von PC und Drucker anfertigen und auf der linken Albumseite anbringen, dabei einen Rand von 5 mm frei lassen. Ein passendes Fotomotiv entlang der Körperkonturen ausschneiden und aufkleben. Am unteren Rand roten Tonkarton, 1,5 x 30,5 cm, aufkleben. Kleine Herzen aus Flitterkarton und Tonkarton stanzen und Perlen auf Draht rutschfest auffädeln (Anleitung Seite 5). Einzelteile mit Klebepads anbringen. Stanzbuchstaben „JA" und kleine Accessoires ergänzen.

Es muss wohl
Liebe sein ....
JA
JA
Es muß wohl
Liebe sein ....

Material

Untere Albumseite

- Scrapbooking-Papier in Chamois
- Scrapbooking-Papier „Elegance" in Chamois
- Strohseide in Kupfer
- Metallic-Crinklepapier in Kupfer
- Tonkarton „Highlight" in Gold
- Stanzbuchstaben
- Fotos
- Kreativ-Accessoires „Blüten"

Obere Albumseite

- Metallic-Crinklepapier in Vanille
- Flitterkarton in Weiß
- Tonkarton „Starlight" in Kupfer
- Tonkarton „Highlight" in Gold
- Stanzbuchstaben
- Fotos
- Kreativ Accessoires „Herzen"
- Motivstanzer „Kreis", 1 cm ∅, 2 cm ∅ und 2,5 cm ∅ (oder Kreisschneider)

Vorlagen B1, C1, C2

Hochzeit

Untere Albumseite

Scrapbooking-Papier „Elegance", 19 x 30,5 cm, zuschneiden und die Kanten links und rechts mit einem schmalen Streifen Goldkarton unterlegen. Strohseide in Kupfer, 20 x 30,5 cm, auf der linken Albumseite (Scrapbooking-Papier in Chamois) mit einem Rand von 1,5 cm aufkleben. Den Scrapbooking-Papier-Streifen mit einem rechtsseitigen Rand von 1,5 cm darüber kleben. Ein Herz (Vorlage C1) und ein Rechteck, 13 x 14,5 cm, aus Goldkarton zuschneiden. Auf dem Goldkartonrechteck ein Foto so fixieren, dass ein 3 mm breiter Rand rundum stehen bleibt. Foto und Herz der Abbildung entsprechend anbringen. Die Seite mit Stanzbuchstaben und Kreativ-Accessoires verzieren.

Obere Albumseite

Aus Goldkarton ein Quadrat, 14 x 14 cm, zuschneiden, aus Tonkarton in Kupfer ein Quadrat in der Größe 13,7 x 13,7 cm. Nach der Vorlage B1 ein Herz aus dem kupferfarbenen Quadrat mit dem Cutter schneiden, ein um 3 mm kleineres Herz aus Goldkarton (Vorlage C2). Die Quadrate übereinanderkleben, mit einem Foto hinterkleben und auf der Albumseite (Metallic-Crinklepapier in „Vanille", 30,5 x 30,5 cm) platzieren. Mit einem Herz-Accessoire verzieren. Einen Streifen Tonkarton in Kupfer, 8 x 33 cm, schneiden und schräg auf der Seite fixieren, die Ränder der Abbildung entsprechend zuschneiden. Aus Flitterkarton vier Quadrate, 6 x 6 cm, zuschneiden, darauf passend kleine Fotos kleben. Kreise mit den Durchmessern 1 cm, 2 cm und 2,5 cm aus verschiedenen Papieren ausstanzen oder mit dem Kreisschneider anfertigen und versetzt aufkleben. Stanzbuchstaben ergänzen.

HOCHZEIT HOCHZEIT
HOCHZEIT
HOCHZEIT
HOCHZEIT

Farbige Blüten

Material

- Keilrahmen, 30 x 70 cm
- Acrylfarbe in Rosa
- Crinklepapier in Rosa
- Flitterkarton in Weiß
- Spiegelkarton in Silber
- Tonkarton in Rot
- Fotos
- Kreativ-Accessoires „Baby"
- Spiegelkreise, 1 cm Ø
- Dekoband mit Herzen, 2,5 cm breit
- Dekoband in Weiß, 2,5 cm breit
- Dekoband in Rot mit Perlen
- Motivschere
- Motivstanzer „Kreis" 2,5 cm Ø

Vorlagen D1 – D3

1 Den Keilrahmen mit rosa Acrylfarbe bemalen und trocknen lassen.

2 Nach der Vorlage D1 Blüten aus rosa Crinklepapier, Flitter- und Tonkarton anfertigen und an der markierten Stelle mit dem Cutter wellig einschneiden. Die Fotos rund ausschneiden (Vorlage D2).

3 Für das obere Foto Kreise aus rosa Crinklepapier und Spiegelkarton zuschneiden (Vorlage D3), für das mittlere Foto Crinklepapier mit einer Motivschere zuschneiden (Vorlage D3), für das untere Foto einen roten Kreis aus Tonkarton zuschneiden (Vorlage D3). Die Fotos jeweils auf den Zuschnitten befestigen und in die Blüten stecken.

4 Bei der mittleren Blüte ein Dekoband aufkleben und auf der Rückseite fixieren. Die Innenzuschnitte der Blüten auf die äußeren roten Zuschnitte kleben und dann auf dem Keilrahmen anbringen. Die untere Blüte mit ausgestanzten Tonkartonkreisen und fertigen Spiegelkreisen verzieren.

5 Den Keilrahmen mit Accessoires und Stanzzahlen versehen, am rechten Rand die Dekobänder anbringen, jeweils oben und unten auf der Rückseite des Keilrahmens befestigen.

1994
baby
IT'S A GIRL !

Hurra, ein Baby!

Material

Für beide Keilrahmen

- 3D-Keilrahmen, 40 x 40 cm
- Strukturpaste
- Scrapbooking-Papier „Metallic Crinkle" in Vanille
- Stanzbuchstaben
- Kreativ-Accessoires „Baby"
- Fotos

Keilrahmen in Hellblau

- Acrylfarben in Weiß, Hellblau
- Crinklepapier in Hellblau
- Transparentpapier in Weiß, Blau (mit Verlauf)
- Spiegelkarton
- Klebepads
- Motivlocher „Kleine Füße"

Keilrahmen in Rosa

- Tonkarton „Schriftzüge" in Rosa
- Crinklepapier in Rosa
- Transparentpapier in Rosa
- Spiegelkarton

Vorlagen E1, E2

Keilrahmen in Hellblau

Den Keilrahmen mit den Acrylfarben und Strukturpaste bemalen und trocknen lassen. Scrapbooking-Papier in Vanille mit Spiegelkarton, 31,5 x 31,5 cm, unterlegen und auf den Keilrahmen kleben. Den Text (Vorlage E1) auf Transparentpapier kopieren oder mithilfe des Computers farbig ausdrucken (Schriftart Andy). Nach der Vorlage E2 eine Wellenschablone anfertigen (Anleitung Seite 5). Transparentverlaufspapier, 7,5 x 29 cm, und Spiegelkarton, 8 mal 29,5 cm, mithilfe der Schablone wellig zuschneiden und der Abbildung entsprechend auf der rechten Seite des Scrapbooking-Papiers fixieren. Den Text aufkleben. Aus blauem Crinklepapier ein Rechteck, 14,5 x 20 cm, zuschneiden und schräg aufkleben. Ein Babyfoto, 10 x 15 cm, mit Spiegelkarton hinterkleben, sodass ein Rand von 5 mm rundum stehen bleibt. Das Foto auf dem hellblauen Rechteck befestigen. Füßchen ausstanzen und auf dem Transparentverlaufspapier mit Klebepads anbringen. Albumseite mit Accessoires und Buchstaben vervollständigen.

Keilrahmen in Rosa

Den rosafarbenen Keilrahmen wie den hellblauen Keilrahmen bemalen und gestalten. Bei dieser Variante beträgt die Zuschnittsgröße für den Tonkarton in Rosa 7 x 30 cm, der Spiegelkartonzuschnitt hat die Größe 7,8 x 31 cm. Das Rechteck aus Crinklepapier ist 13,5 x 19 cm groß, das bedruckte Transparentpapier 8 x 12 cm.

Ein Baby macht
die Liebe stärker,
die Tage kürzer,
die Nächte länger,
die Brieftasche dünner,
das Heim glücklicher,
die Kleider schäbiger.
Es lässt uns
die Vergangenheit
vergessen
Und macht die Zukunft
lebenswert.
BABY

Rosa Schmetterling

Material

Für beide Albumseiten

- Scrapbooking-Papier in Weiß
- Flitterkarton in Weiß, Rosa
- Transparentpapier in Weiß, Rosa
- Tonkarton in Rosa
- Fotos
- Kreativ-Accessoires „Baby", „Blüten" in Rosa
- Klebebuchstaben
- Abstandsklebeband

Untere Albumseite

- Scrapbooking-Papier in Pink
- Tonkarton in Pink
- Kreisschneider

Obere Albumseite

- Strohseide in Weiß
- Transparentpapier „Rosen" in Rosa
- Perlen in Weiß, Rosa, 4 mm ∅
- Strasssteine in Rosa, 4 mm ∅
- Silberdraht
- Motivstanzer „Schmetterling", 2 cm

Vorlagen F1 – F3

Untere Albumseite

Die Grundseite (Scrapbooking-Papier in Pink) mit einem etwas kleiner geschnittenen weißen Scrapbooking-Papier bekleben. Den Text (Vorlage F1) mithilfe des Computers auf Transparentpapier, 12 x 30,5 cm, drucken (Schriftart BATAVIA). Den Transparentpapierstreifen bei 8,5 cm falten, um die Albumseite legen und auf der Rückseite fixieren. Foto laut Abbildung zuschneiden. Zwei Schmetterlinge (Vorlage F2) aus Transparentpapier und Tonkarton anfertigen. Zwei Kreise (3,5 cm ∅) herstellen, kleine Fotos rund schneiden, auf die Kreise kleben und versetzt anbringen. Ebenfalls aus Flitterkarton zwei Kreise anfertigen und versetzt fixieren. Für den Namen Kreise in gleicher Größe herstellen, mit Klebebuchstaben versehen und mit Abstandsklebeband fixieren. Blüten und Stasssteine ergänzen.

Obere Albumseite

Rosen-Transparentpapier, 13,5 x 19,5 cm, schräg auf die Albumseite (Scrapbooking-Papier in Weiß) kleben. Ein Babyfoto, 10 x 15 cm, mit Flitterkarton, 11 x 16 cm, hinterkleben und mit Abstandsklebeband befestigen. Eine Blüte aus Flitterkarton herstellen (Vorlage F3) und fixieren. Aus rosa Flitterkarton, 10,5 x 16,5 cm, einen 1 cm breiten Rahmen herstellen. Aus weißer Strohseide einen etwas breiteren Rahmen reißen und zwischen Foto und Rahmen kleben. Den Rahmen mit Abstandsklebeband befestigen. Schmetterlinge ausstanzen und doppelt aufeinanderkleben. Perlen rutschfest auf Draht fädeln (Anleitung Seite 5) und die Schmetterlinge dazwischen fixieren. Accessoires und Buchstaben ergänzen.

ALICIA
Bei Kindern
braucht man:
ein Gläschen
voll Weisheit,
ein Fass
voll Klugheit
und ein Meer
voll Geduld.
A L I C E

Kleine Alicia

Material

- Scrapbooking-Papier in Rosa-Violett, gestreift
- Transparentpapier in Weiß
- Flitterkarton in Weiß, Rosa
- Tonkarton „Starlight" in Weiß
- Stanzbuchstaben
- Silberdraht, 0,25 mm ∅
- Perlen in Rosa, Weiß transparent, 4 mm ∅
- Kreativ-Accessoires „Baby"
- Klebepads
- Motivstanzer, „Kreis", 2 cm ∅

Vorlagen F3, G

Albumseite

1 Den Text (Vorlage G) auf weißes Transparentpapier, 13 x 30,5 cm, kopieren oder mithilfe des Computers farbig ausdrucken (Schriftart Pepita MT). Das bedruckte Transparentpapier längs bei 10,5 cm falten, um den linken Albumseitenrand legen und der Abbildung entsprechend auf der Grundseite (Scrapbooking-Papier in Rosa-Violett) befestigen, dabei einen Teil auf der Rückseite fixieren.

2 Aus weißem Flitterkarton ein Rechteck, 12 x 23 cm, zuschneiden, aus rosa Flitterkarton ein Rechteck in der Größe 10,3 x 15,3 cm. Die Zuschnitte und ein Babyfoto, 10 x 15 cm, der Abbildung entsprechend aufeinanderkleben und auf der Seite anbringen. Eine Blume nach der Vorlage F3 zuschneiden und fixieren. Accessoires rutschfest auf Draht fädeln (Anleitung Seite 5). Aus rosa Flitterkarton 4 Kreise stanzen und die Zahlen darauf befestigen. Weitere Accessoires sowie die Buchstaben mit Klebepads anbringen.

Karte

Weißen Tonkarton, 21 x 30 cm, zu einer DIN-A5-Karte falten. Aus rosa Transparentpapier einen Umleger in der Größe der Karte anfertigen, falten und um die Karte legen. Weißes Transparentpapier, 20 x 21 cm, mit dem Text (Vorlage G) versehen und mittig um die Karte legen. Entsprechend dem Bildausschnitt Rechtecke aus rosa und weißem Flitterkarton anfertigen und der Abbildung entsprechend aufeinanderkleben. Wie bei der Albumseite eine Perlengirlande anfertigen und zusammen mit weiteren Accessoires auf der Karte fixieren.

... und
ab sofort
auf Schritt
und Tritt
geh`n
zwei kleine
Fü߀chen mit.
ALICIA
2006
... und
ab sofort
auf Schritt
und Tritt
geh`n
zwei kleine
Fü߀chen mit.

In Liebe

Material

- Motiv-Transparentpapier „In Liebe" in Orange
- Tonkarton „Highlight" in Silber
- Tonkarton in Weiß, Grün
- Geprägter Tonkarton „Herzen" in Rot
- Strohseide in Terrakotta
- Spiegelkarton
- Fotos
- Stanzbuchstaben in Rot
- Kreativ-Accessoires „Blätter"
- Silberdraht, 0,25 mm ∅
- Motivstanzer „Kreis", 2 cm ∅

Vorlagen H1, H2

Untere Albumseite

1 Aus weißem Tonkarton eine Albumseite, 30,5 mal 30,5 cm, anfertigen. Motiv-Transparentpapier in Orange, 30,5 x 30,5 cm, bei 19 cm falten, um die Albumseite legen und auf der Rückseite fixieren.

2 Nach der Vorlage H1 einen Rahmen aus Silberkarton und Strohseide zuschneiden und ein Foto, 10 x 15 cm, darin platzieren. Den Bilderrahmen auf der Seite schräg anbringen, Buchstaben und Kreativ-Accessoires ergänzen.

Obere Albumseite

1 Aus weißem Tonkarton eine Albumseite, 30,5 mal 30,5 cm, anfertigen. Ein Rechteck, 14 x 18,5 cm, aus rotem Tonkarton anfertigen, ein zweites Rechteck, 11 mal 15,5 cm, aus dem Silberkarton zuschneiden, darauf das Foto befestigen.

2 Motiv-Transparentpapier, 20 x 31 cm, in der Mitte falten und am linken Rand befestigen. Kleine Kreise aus rotem Ton- und Silberkarton ausstanzen und versetzt aufkleben. Die Buchstaben anbringen.

3 Aus dem Transparentpapier eine Rose zuschneiden, auf Spiegelkarton kleben und die Rose noch einmal mit einem kleinen Rand ausschneiden. Die Rose wie abgebildet aufkleben, den Stängel nach der Vorlage H2 zuschneiden und fixieren. Die Seite mit Accessoires verzieren.

IN LIEBE
IN LIEBE
LIEBE
LIEBE
in Liebe

Material

Untere Albumseite

- Scrapbooking-Papier „Metallic Crinkle“ in Vanille
- Tonkarton „Starlight“ in Dunkelblau
- Motivkarton „Wasser“
- Stanzbuchstaben
- Foto, 10 x 15 cm
- Perlen in Weiß, Blau irisierend, 3 mm ∅
- Kreativ-Accessoires „Seesterne“

Obere Albumseite

- Scrapbooking-Papier „Metallic Crinkle“ in Vanille
- Transparentpapier „Delfine“
- Tonkarton „Starlight“ in Kupfer
- Tonkarton in Beige, Vanille, Hellblau
- Fotos
- Motivlocher „Krebs“

Vorlagen E2, J

Urlaub in Italien

Untere Albumseite

Nach der Vorlage E2 eine Wellenschablone aus festem Karton anfertigen. Motivkarton, 7 x 30,5 cm, mit der Schablone wellig zuschneiden, ebenso einen Motivkartonstreifen in der Größe 1,5 x 30,5 cm. Ein Rechteck aus Starlight-Karton, 10,6 x 15,6 cm, zuschneiden und ein Foto so aufkleben, dass ein schmaler Rand rundum stehen bleibt. Das Foto auf die Albumseite (Scrapbooking-Papier „Metallic Crinkle“ in Vanille) kleben. Den großen Motivkarton-Zuschnitt auf dem Foto fixieren, den kleinen Motivkartonstreifen am unteren Rand befestigen. Die Albumseite mit Perlen, Kreativ-Accessoires und Stanzbuchstaben verzieren.

Obere Albumseite

Mit der Wellenschablone, wie oben beschrieben, aus Tonkarton in Vanille zwei Steifen, 9 x 30,5 und 4,5 x 30,5 cm, herstellen. Auf beiden Streifen Transparentpapier „Delfine“, 8,5 x 30,5 cm und 3,5 x 30,5 cm, befestigen. Die Streifen der Abbildung entsprechend auf die Albumseite (Scrapbooking-Papier „Metallic Crinkle“ in Vanille) kleben. Zwischen den beiden Streifen Fotos anbringen. Mithilfe der Wellenschablone einen 5 cm breiten Streifen aus beigem Tonkarton zuschneiden, mit blauem Tonkarton hinterkleben und unten auf der Albumseite befestigen, dabei jedoch nur an drei Seiten fixieren, sodass eine Einstecktasche für den Seestern entsteht. Den Seestern nach der Vorlage J aus hellblauem Tonkarton und einem Foto zuschneiden und in die Tasche stecken. Die Albumseite mit ausgestanzten Krebsen verzieren.

ITALIEN

Kinder-Portraits

Material

Für beide Albumseiten

- Geprägter Tonkarton „Herzen“ in Rot
- Spiegelkarton in Silber
- Stanzbuchstaben
- Motivstanzer „Kreis“, 2 cm ∅, 2,5 cm ∅
- Klebepads

Jasmin

- Scrapbooking-Papier in Rosa-Violett, gestreift
- Geprägter Tonkarton in Vanille
- Flitterkarton in Rot

Billy

- Scrapbooking-Papier „Schriftzüge“ in Rosa
- Tonkarton in Vanille
- Maulbeerbaumpapier in Rot
- Klebebuchstaben in Silber

Vorlage E2

Jasmin

1 Aus geprägtem Tonkarton in Vanille ein Rechteck von 15 x 21 cm zuschneiden. Ein Portraitfoto, 13 x 18 cm, mit rotem Maulbeerbaumpapier, 13,5 x 19 cm, hinterkleben und auf dem Rechteck fixieren. Das Rechteck auf der Albumseite (Scrapbooking-Papier „Schriftzüge“ in Rosa) anbringen.

2 Nach der Vorlage E2 eine Wellenschablone aus festem Karton anfertigen. Streifen mithilfe der Wellenschablone aus Prägekarton „Herzen“ und Spiegelkarton zuschneiden und der Abbildung entsprechend auf der linken Albumseite fixieren.

3 Aus rotem Flitterkarton fünf Kreise mit dem Durchmesser 2,5 cm anfertigen, aus Prägekarton in Vanille fünf Kreise mit 2 cm Durchmesser. Die Kreise versetzt aufeinanderkleben und mit Klebepads auf der Albumseite befestigen. Stanzbuchstaben ergänzen.

Billy

1 Das Foto wie oben beschrieben auf Maulbeerbaumpapier kleben und versetzt auf dem Tonkartonrechteck befestigen. Das Rechteck der Abbildung entsprechend auf der Albumseite (Scrapbooking-Papier „Schriftzüge“ in Rosa) befestigen.

2 Den Rand so wie bei der Seite „Jasmin“ gestalten, und zwar aus Prägekarton „Herzen“ und Spiegelkarton. Die sechs Kreise aus Maulbeerbaumpapier und Tonkarton versetzt übereinanderkleben. Die Stanzbuchstaben anbringen, ebenso die silbernen Klebebuchstaben.

BILLY
ICH HABE DICH LIEB
JASMIN
ICH HABE DICH LIEB

Ein besonderes Fest

Material

Für beide Albumseiten

- Flitterkarton in Orange
- Tonkarton in Orange, Grün
- Klebepads
- Abstandsklebeband

Untere Albumseite

- Scrapbooking-Papier „Metallic Crinkle" in Vanille
- Flitterkarton in Creme
- Perlmuttkarton in Creme
- Stanzzahlen
- Motivstanzer „Blume", 2,5 cm Ø

Obere Albumseite

- Scrapbooking-Papier „Shining paper" in Weiß
- Transparentpapier in Grün, gemustert
- Kreativ-Accessoires „Blüten"
- Silberdraht, 0,25 mm Ø
- Motivstanzer „Quadrate", 1 cm, 1,5 cm

Vorlagen E2, K

Untere Albumseite

Grünen Tonkarton, 9 x 30,5 cm, und Tonkarton in Orange, 8 x 30,5 cm, mithilfe einer Schablone (Vorlage E2) wellig zuschneiden und auf der linken Albumseite (Scrapbooking-Papier „Metallic Crinkle" in Vanille) anbringen. Zwei weiße Flitterkarton-Rahmen, 6,5 x 12,5 cm, mit einem 7 mm breiten Rand anfertigen. Fotos passend zuschneiden und beides versetzt aufkleben. Das rechte Foto mit Tonkarton und Flitterkarton hinterkleben. Zwei Fotos entlang der Konturen ausschneiden und fixieren. Flitterkarton, 2,7 mal 17 cm, der Albumseite schräg anpassen. Einen passenden Text auf Perlmuttkarton drucken und auf dem Flitterkartonstreifen anbringen. Blüten und Zahlen ergänzen.

Obere Albumseite

Tonkarton in Orange, 30,5 x 30,5 cm, als Albumseite zuschneiden und mit Scrapbooking-Papier, 30,2 x 30,2 cm, bekleben. Für das obere Foto einen passenden Rahmen mit 5 mm Breite zuschneiden und mit Klebepads befestigen. Nach der Vorlage K ein Herz zuschneiden, mit einem Foto bekleben und fixieren. Grünes Transparentpapier, 16 mal 19,5 cm, schräg auf der Seite anbringen, darauf Flitterkarton, 12 x 16 cm, und Tonkarton, 11 x 14,5 cm, befestigen. Das Foto passend zuschneiden und alles zusammen auf dem Transparentpapier anbringen. Acht Quadrate, 1,5 x 1,5 cm, und drei Quadrate, 1 x 1 cm, ausstanzen und mit Klebepads der Abbildung entsprechend fixieren. Die drei kleinen Quadrate mit Kreativ-Accessoires verzieren. Weitere Accessoires, Blätter und Blüten mit Silberdraht verbinden und befestigen. Stanzzahlen ergänzen.

2005
Auf der Hochzeit von Lilli und Heini

Sommerferien

Material

Leporello

- Geprägter Tonkarton in Elfenbein
- Spiegelkarton in Silber
- Flitterkarton in Gelb, Grün
- Transparentpapier in Grün, gemustert
- Streuteile „Schmetterlinge“
- Strasssteine in Grün
- Motivlocher „Sonne“, 2 cm Ø, 4 cm Ø
- Silberdraht, 0,6 mm Ø
- Motivschere

Karten

- Tonkarton in Creme
- Geprägter Tonkarton „Blumen“ in Gelb
- Flitterkarton in Gelb, Orange, Grün
- Transparentpapier in Weiß, DIN A4
- Perlen, transparent, 4 mm Ø
- Strasssteine
- Kreativ Accessoires „Blumen“, „Herzen“
- Kreisschneider
- Motivstanzer „Quadrat“, 1 cm

Anleitung Seite 32

For You
For You
For You

Herzblatt

Material

- 3D-Keilrahmen, 40 x 40 cm
- Acrylfarbe in Rostbraun
- Strukturpaste „Feinsand"
- Crinklepapier in Vanille
- Tonkarton in Orange
- Flitterkarton in Weiß, Beige
- Tonpapier in Grün
- Spiegelkarton in Kupfer
- Malkarton, 20 x 20 cm
- Fotos
- Papierkordel
- Rocailles in Orange, 5 mm ∅
- Kreativ-Accessoires „Mohnblumen"
- Ösen
- Ösenwerkzeug
- Pluster-Pen in Orange, Rot, Grün
- Klebepads
- Motivstanzer:
  - "Schmettering", 2 cm
  - „Herzen", 2,5 cm

Vorlagen L1 – L3

1 Den Keilrahmen mit Strukturpaste und Acrylfarbe bemalen und trocknen lassen. Crinklepapier in Vanille, 20 x 20 cm, und Tonkarton in Orange, 19 x 19 cm, auf den Malkarton kleben und links oben auf dem Keilrahmen anbringen. Ein Foto passend zuschneiden und aufkleben.

2 Das gleiche Quadrat noch einmal anfertigen, nur diesmal die Farben vertauschen und nach rechts versetzt anbringen. Herzen (Vorlage L1) aus weißem und beigefarbenem Flitterkarton darauf befestigen. Fotoausschnitt aufkleben.

3 Für das obere Bild Schmetterlinge ausstanzen, doppelt aufeinanderkleben und mit Accessoires verzieren. Für das untere Bild Herzen ausstanzen, Blatt nach der Vorlage L2 zuschneiden, mit Spiegelkarton unterlegen und mit Klebepads befestigen. Mit Herzen und Accessoires schmücken.

4 Für die rechte Herzgirlande Herzen zuschneiden (Vorlage L3) und mit Ösen versehen (nach Herstellerangaben). Perlen auf eine Papierkordel fädeln und mit den Herzen am rechten Rand befestigen.

5 Namensschild, 5 x 12 cm, aus Crinklepapier in Vanille und Tonkarton schneiden und links vom unteren Foto anbringen. Buchstaben mit Pluster-Pen auftragen.

Jasmin

Impressum

ISBN 978-3-419-56826-2

Lektorat:
Gisa Windhüfel, Freiburg

Styling und Fotos:
Fotodesign Nielsen, Umkirch

Covergestaltung und Layoutentwurf:
Network!, München

Coverrealisierung:
smp, Freiburg

Produktion:
smp, Freiburg

Druck:
Freiburger Graphische Betriebe

Verlag Herder GmbH
Christophorus-Verlag
Hermann-Herder-Str. 4
79104 Freiburg

Tel.: 0761/2717-0
Fax: 0761/2717-352

E-Mail:
info@christophorus-verlag.de

www.christophorus-verlag.de

Sommerferien

Abbildung & Materialangaben Seite 28/29

Für das **Leporello** geprägten Tonkarton in Elfenbein, 17 x 64 cm, alle 16 cm zum Zickzack falten. Aus der zweiten und vierten Seite ein Rechteck, 8,5 x 11,5 cm, ausschneiden. Aus Flitterkarton 7 mm breite Rahmen um den Ausschnitt kleben. Fotos, 7,5 x 10 cm, mit Prägekarton hinterkleben, dabei zwei Nylonfäden befestigen und so das Bild in den Ausschnitt hängen. Für die erste Seite zwei Dreiecke in der Größe 11 x 11 x 12,5 cm zuschneiden, jeweils die lange Seite mit der Motivschere verzieren und die beiden glatten Seiten befestigen. Das Foto einstecken. Für die dritte Seite ein Transparentpapier-Rechteck mit der Motivschere zuschneiden. Ein Foto mit Flitterkarton hinterkleben. Ausgestanzte Sonnen versetzt mit Silberdraht und Klebepads aufkleben. Strasssteine und Streuteile ergänzen.

Für die **gelbe Karte** Tonkarton in Creme, 30 x 21 cm, zu einer Karte falten. Vom Deckblatt 1 cm längs abschneiden. Mit einem Kreisschneider aus dem Deckblatt einen Kreis (9 cm Ø) ausschneiden. Aus Prägekarton, 29 x 21 cm, ein Einlegeblatt herstellen und in der Doppelkarte fixieren. Aus dem Foto einen Kreis (7,5 cm Ø) schneiden und in dem Ausschnitt platzieren. Aus den weiteren zwei Fotos und Flitterkarton Kreise (5,5 cm Ø) schneiden und versetzt fixieren. Aus Blüten, Perlen und Draht eine Girlande herstellen und mit Klebekissen auf der Karte befestigen. Zwei Blüten in Creme ergänzen.

Für die **Karte in Orange** eine Karte und ein Einlegeblatt zuschneiden (siehe gelbe Karte). Drei Quadrate in das Deckblatt stanzen. Ein Foto, 10 x 10,5 cm, mit Flitterkarton, 11 x 11,5 cm, hinterkleben. Aus Flitterkarton in Orange, 11,5 x 12 cm, einen 0,6 mm breiten Rahmen schneiden und auf das Foto versetzt aufkleben. Herzen und Strasssteine ergänzen.